Karin Longariva

Südtiroler Bäuerinnen kochen

Karin Longariva

Südtiroler Bäuerinnen kochen
Die besten Rezepte der original Südtiroler Küche

EDITION LÖWENZAHN
INNSBRUCK

Die Deutsche Bibliothek - CIP-Einheitsaufnahme

Longariva, Karin:
Südtiroler Bäuerinnen kochen : die besten Rezepte der
original Südtiroler Küche / Karin Longariva. - Innsbruck :
Ed. Löwenzahn, 1998
     ISBN 3-7066-2160-6

© 1998 by Edition Löwenzahn/StudienVerlag Ges.m.b.H.,
Amraser Straße 118, A-6010 Innsbruck
e-mail: order@studienverlag.at

Fotos: Herbert Gyss
Umschlagfoto: Florian Schneider

Layout: Günther Thöni
Satz: Bernhard Klammer

Alle Rechte vorbehalten. Kein Teil des Werkes darf in
irgendeiner Form (Druck, Fotokopie, Mikrofilm oder in
einem anderen Verfahren) ohne schriftliche Genehmigung
des Verlages reproduziert oder unter Verwendung elektronischer Systeme verarbeitet, vervielfältigt oder verbreitet werden.

Gedruckt auf umweltfreundlichem, chlor- und säurefrei
gebleichtem Papier.

Inhaltsverzeichnis

Küche und Essen
in Südtirol 7

Suppen *13*
Spargelsuppe 13
Selleriecremesuppe 14
Kastaniensuppe 14
Terlaner Weinsuppe 16
Saure Suppe 16
Vinschger Brotsuppe 17
Sauerkrautsuppe 17
Sauerampfersuppe 18
Bauernsuppe 18
Gerstsuppe 20
Brennsuppe 20
Grießnockensuppe 21
Erdäpfelsuppe mit Milch 21

Fastenspeisen *22*
Krautnocken 22
Gemüsegerste 22
Polenta mit Steinpilzen 24
Überbackene
Spinatschupfnudeln 25
Gefüllte Teigtaschen 26
Spargel mit Kräutersauce .. 28
Topfenknödel 28
Brennesseltopfennocken ... 29
Pfifferlinggröstel 29
Spinattopfennocken 30

Spinatnocken 30
Erdäpfelblattlan mit
Sauerkraut 32
Aschernudel 32
Schupfnudel 33
Schwarzpolentamus 33
Schwarzpolentanocken 34
Graukäsenocken 34
Lüsner Krapfen 36
Erdäpfelschlutzkrapflan 37
Tirtlan 38
Preßknödel 40
Pusterer Preßknödel 40
Kloatzenschlutzkrapfen 41
Schwarzbeerlaibchen 42
Melchermus 42

Hauptspeisen *44*
Bozner Herrengröstel 44
Kalbsleber auf
venezianische Art 45
Kalbsvögelen mit Polenta .. 46
Gerollter
Senfbraten 48
Schweinsrippelen mit
Erdäpfeln 49
Bauerneintopf 49
Fleischstrudel 50
Lammrücken mit
Knoblauchsauce 52

Schnalser Bauernbratl 53	Vinschger
Pikante Rehschnitzel 54	Kastanienkrapfen 73
Gänsebraten 56	Faschingsscherben 74
Hirschgulasch 57	Marmeladekrapfen 74
Bozner Stockfischgröstel ... 58	Kniekiachlan 75
Fischfilet mit Gemüse 58	Ultner Mohnkrapfen 76
	Holzhackerbrot 77
Nachspeisen, Gebäck *60*	Topfenweggelen 77
Vinschger Schneemilch 60	Müslibrot 78
Germmingilan 60	Osterbrot 79
Topfenbuchteln 61	
Topfen-Früchte-Kuchen 62	*Verschiedenes* *80*
Zwetschkenkuchen 64	Saure Zucchini 80
Schwarzpolenta-Torte	Orangensirup 80
mit Äpfeln 65	Ribissaft 81
Apfelkiechl 66	Himbeersirup 81
Mandeltorte 66	Holundersekt 81
Haselnußkranz 67	Ribis-Marillenmarmelade .. 82
Schwarzplentene	Quittenmarmelade 82
Roulade 68	Preiselbeermarmelade 83
Bozner	Hollergelee 83
Weihnachtszelten 69	Löwenzahnhonig 84
Tschöggelberger Krapfen ... 70	Marillenlikör 84
Völser Kirchtagskrapfen 71	Basilikumschnaps 85
Sarner Ofenkrapfen 72	Kümmelschnaps 85
	Nußlikör 86

Einleitung

Küche und Essen in Südtirol

Südtirol liegt am Schnittpunkt zweier Sprach- und Kulturräume. Einflüsse der italienischen aber auch der österreichischen Küche sind deutlich spürbar.
So vielfältig wie die Landschaft, die Täler und die Bevölkerungsgruppen des Landes, so vielfältig ist auch die Küche in Südtirol. Bodenständige, traditionelle Gerichte sind in Südtirol genauso anzutreffen wie moderne, leichte Gerichte.
Mit dem Ziel, alte, zum Teil schon in Vergessenheit geratene Rezepte der Südtiroler Küche neu zu beleben und der heutigen Zeit anzupassen, wurden alte, aber auch neue Rezepte von den Bäuerinnen gesammelt.
Es erstaunt immer wieder, wie vielfältig, interessant, abwechslungsreich und kreativ die Küche in Südtirol ist.
Zu jeder Jahreszeit bieten die Bäuerinnen das passende Gericht.
Aus einfachen, natürlichen Lebensmitteln wie Mehl, Eiern, Äpfeln, Brot und Kartoffeln werden phantasievolle, geschmacksvolle Köstlichkeiten wie Mus, Krapfen, Apfelkiachlan, Brotsuppen, Knödel usw. zubereitet.
Das Bewußtsein in der Bevölkerung, selbst Verantwortung für die eigene Gesundheit und Gesunderhaltung übernehmen zu müssen und wollen, hat sich in den vergangenen Jahren massiv verstärkt. Lebensqualität, und damit auch Lebensmittelqualität, stehen im Vordergrund. Tradition und Fortschritt ergänzen und beleben sich, sind Wegweiser der weiteren Entwicklung, lenkend, fördernd, empfehlend und warnend!

Landschaft, Siedlung und Landwirtschaft, ökonomische und soziokulturelle Aspekte haben stets die Kultur des Essens geprägt. Tradition ist im Aufschwung, zumindest im Umschwung.

Ihre Bedeutung hat nachgelassen, wenngleich in ihr nach wie vor die Grundlage des heutigen Ernährungsverhaltens liegt. Traditionelle Mahlzeitenmuster prägen mehr oder weniger die Eßgewohnheiten in den verschiedenen Bezirken und Talschaften des Landes.

Am Schnittpunkt nordischer und südlicher Kulturen hat sich in Südtirol eine Eigendynamik entwickelt, welche ein recht buntes Bild vom Essen – und allem was dazu gehört – hervorbringt.

Bozen, Überetsch und Unterland

Bereits 15 v. Chr., als die Römer mit Drusus über den Brenner bis nach Augsburg vorstießen, findet der Bozner Raum geschichtliche Erwähnung.

Das Siedlungsgebiet im Alpenraum mit seinen teils begünstigten kleinklimatischen Zonen war und ist Grundlage der verschiedenen Kultivierungsformen in der Landwirtschaft, und somit auch der Produktion von Nahrungsmitteln. Bekanntlich haben bereits die Römer die Weinrebe nach Südtirol gebracht und schon sehr früh einen Grundstein für die Landwirtschaft gelegt.

Gegen 800 n. Chr. wird der Name „Bauzanum", aus dem sich das heutige „Bozen" ableitet, erstmals dokumentiert. Im Mittelalter erblüht die Stadt zu einem bedeutenden Knotenpunkt und entwickelt sich zum Zentrum deutsch-italienischer Handelsgeschäfte.

Südländische und nordische Küche, vermischt mit bodenständigen Spezialitäten der Talschaften Südtirols, ergänzen sich von hier ausgehend zu einem umfangreichen und abwechslungsreichen Speisezettel.

Durch Handel und Bürgertum sind dem Bozner Raum die etwas „herrschaftlichen" Speisen zuzuordnen, wenngleich dies heute nicht mehr deutlich wird. Die Weinsuppe, das Bozner Herrengröstl, Spargel mit Boznersauce, wie auch der Bozner Zelten sind eine kleine Auswahl davon.

Das bekannteste, wohl auch typischste Tiroler Gericht, der Knödel, ist auf den romanischen Wandmalereien in der Burgkapelle von Hocheppan recht eindrucksvoll dokumentiert. In der Darstellung der Geburt Christi hat der Maler dieser Fresken eine „Knödelmacherin" verewigt; in der Kunst spricht man von der ersten Darstellung des Tiroler Knödels.

Vinschgau

Der Vinschgau als westlichster Bezirk des Landes beheimatet eine Vielzahl an Kunstdenkmälern, insbesondere aus romanischer und karolingischer Zeit. St. Prokulus in Naturns, St. Benedikt in Mals und die Fresken in der Krypta des Klosters Marienberg sind, mit vielen anderen, kunsthistorische Schätze aus vergangenen Epochen.
Der obere Vinschgau, wo einst romanische auf alemannische Kultur gestoßen ist, mit seiner typisch romanischen Siedlungsform des Haufen- oder Massendorfes unterscheidet sich deutlich vom unteren Vinschgau, wo die Höfe des Sonnenberges und des Nörderberges dem Tal seinen Siedlungscharakter geben.
Einstmals wegen seiner geographisch günstigen Ost-West-Lage (die Gemeinde Mals hat die meisten Sonnenstunden pro Jahr in Südtirol) als Kornkammer Südtirols bezeichnet, haben heute andere landwirtschaftliche Kulturformen das Getreide im Vinschgau verdrängt. Gemüseanbau und Obstbau machen sich heute fast im gesamten Tal breit. In den rauheren Seitentälern produziert die landwirtschaftliche Bevölkerung mit Erfolg Beerenobst, hauptsächlich Erdbeeren und Himbeeren. Die Vinschgauer Marillen sind landesweit ein Begriff.
Vinschgauer Schneemilch und das Melchermuas mit Palabirn sind für die Küche der Talschaft bezeichnend.

Meran und Burggrafenamt

Aufgrund klimatischer Vorzüge mit stark mediterranen Einflüssen ist die Stadt Meran, welche bis 1420 Landeshauptstadt von Tirol gewesen ist, noch vor der Jahrhundertwende zu einem Kurort von Weltrang herangewachsen.

Die vielen Parks und Spazierwege in und um Meran geben mit ihrer Pflanzenvielfalt der Stadt einen einmaligen südländischen Charakter. Palmen, Zypressen, Olivenbäume, Kastanienhaine, Wintergärten und so manch seltsames Gewächs zeugen von einem großen Potential der Natur.

Während sich in der Stadt und ihrer nahen Umgebung, bedingt durch den Fremdenverkehr, eine recht vielfältige und abwechslungsreiche Kost breitgemacht hat, finden wir in den Tälern des Burggrafenamtes auch heute noch recht einfache Gerichte. Die Grundzutaten dafür kommen vielfach aus der eigenen Produktion.

Eisacktal und Gröden

Sterzing, die alte Knappenstadt, Brixen, die Bischofsstadt, und Klausen mit dem Kloster Säben sind kultur- und kunsthistorische Zentren entlang der Brennerlinie im Eisacktal.

Ein einmaliges kunsthistorisches Juwel ist in den Arkaden des Brixner Kreuzganges erhalten. Dort spiegelt sich in einem umfassenden Freskenzyklus die Entwicklung der gotischen Wandmalerei.

Geographisch gesehen ein Nord-Süd-Tal, hat das Eisacktal verschiedene Kleinklimazonen, welche unterschiedliche Produktionsbedingungen darstellen.

Bis etwa in die Gegend von Brixen reicht der Weinbau, weiter nördlich finden wir hauptsächlich Milchviehhaltung als landwirtschaftliche Produktionsquelle.

Der Süden des Eisacktales ist landschaftlich zudem von den Edelkastanienbäumen geprägt. Beim Törggelen im Herbst, einem beliebten Brauch, wird der neue Wein verkostet.

Dazu bietet die Eisacktaler Küche das Geselchte mit Kraut und Knödel. Süße Krapfen und die gebratenen Kastanien bilden den kulinarischen Abschluß.

Pustertal

Bereits in vorgeschichtlicher Zeit besiedelt, wurde das Pustertal um Christi Geburt von den Römern besetzt. Die Ausgrabungen „Sebatum" und „Aguntum" erinnern noch heute an römische Militärstationen. Im 8. Jhd. wurde das Stift Innichen gegründet, welches für seinen großartigen romanischen Kirchenbau über die Grenzen hinaus bekannt geworden ist.
Die spätgotische Pfarrkirche von St. Sigmund beherbergt einen der bedeutendsten, vollständig erhaltenen gotischen Flügelaltäre (1430) des Landes.
Das Pustertal ist für seine Grünlandwirtschaft und das Milchvieh bekannt. Wiesen und Weideflächen prägen neben Kartoffeläckern und Maisfeldern das Landschaftsbild des rauhesten Tales von Südtirol.
Graukäse, Zieger und andere köstliche Käsesorten werden auf den Pustrer Almen hergestellt.
Landauf, landab bekannt sind auch die Pustrer Kartoffeln, welche Grundlage für eine genze Reihe von typischen Gerichten darstellen. Neben den Pustrer Tirtlen und dem Erdäpfelriebler sind wohl die Schlutzkrapfen, vorzugsweise mit Spinat gefüllt, das Markenzeichen der Pustertaler Küche geworden.

Rezeptangaben für 4 bis 6 Personen

Suppen

Spargelsuppe

- 1/2 kleine Zwiebel
- 25 dag Spargel
- etwas Öl
- 1/16 l Weißwein
- 1 l Spargelsud
- Salz, Pfeffer
- 3 EL Sahne
- 4 dag Spargelspitzen

- Spargel schälen
- aus Spargelschale und -enden einen Sud zubereiten
- würfelig geschnittene Zwiebel anrösten, Spargelstücke dazugeben
- mit Weißwein löschen
- mit etwas Spargelsud aufgießen
- 20 Minuten garen
- mit Mixstab pürieren
- aufgießen, würzen und ca. 5 Minuten kochen lassen
- Sahne und Spargelspitzen unterrühren und servieren

TIP

Spargel mit dem Kartoffelschäler von der Spitze zum Stielende schälen.

Suppen

Selleriecremesuppe

etwas Öl
1/2 Zwiebel
50 dag Sellerieknolle
1 l Gemüsesud oder Wasser
1/16 l Sahne
Salz, Pfeffer
Petersilie
2 Scheiben Toastbrot
1 Knoblauchzehe
etwas Öl

- Zwiebelwürfel anrösten
- Selleriewürfel dazugeben, mit Salz und Pfeffer würzen
- mit Wasser oder Sud aufgießen
- ca. 45 Minuten garen lassen
- mit dem Mixstab pürieren
- aufgießen, ca. 5 Minuten kochen lassen
- mit Sahne verfeinern und mit Knoblauch-Brotwürfeln servieren

Kastaniensuppe

30 dag getrocknete Kastanien
15 dag getrocknete Bohnen
Salz
1 Prise Zucker
1 Prise Zimt

- Kastanien und Bohnen getrennt über Nacht einweichen
- Kastanien von der feinen Haut säubern
- alles zusammen ca. 1 1/2 Stunden kochen
- mit Salz, Zucker und Zimt würzen
- Suppe mixen und abschmecken

Vinschger Brotsuppe

Suppen

Terlaner Weinsuppe

1/2 l Fleischsuppe 3 Eidotter 1/4 l Rahm 1/4 l Weißwein 1 Semmel etwas Öl Zimt	● Fleischsuppe erhitzen ● Dotter, Rahm und Weißwein hinzufügen ● mit Schneebesen Suppe cremig schlagen (nicht kochen lassen!) ● mit Brotwürfeln und Zimt servieren

Saure Suppe

TIP

Einbrenn: Zwiebelwürfel anrösten, mit Mehl stauben, unter Rühren hellbraun werden lassen, mit kaltem Wasser aufgießen.

50 dag Kuttelflecke 2 Lorbeerblätter etwas Öl 1 kleine Zwiebel 3 dag Mehl Salz, Pfeffer 1 Zitrone 1 Schuß Essig Schnittlauch	● eine dunkle Einbrenn zubereiten ● mit Wasser aufgießen ● würzen mit Zitronenschale, Salz und Pfeffer ● 10 Minuten kochen lassen ● Kuttelstreifen dazugeben ● einige Minuten kochen lassen ● mit Essig abschmekken, mit Schnittlauch bestreut servieren
● Kutteln sauber putzen, mit Lorbeerblättern weichkochen ● in feine Streifen schneiden	

Suppen

Vinschger Brotsuppe

1 kleine Zwiebel
etwas Öl
1 Vinschger Paarlbrot oder 18 dag Roggenbrot
2 Eier
Salz, Pfeffer, Petersilie
1 l Fleischsuppe oder Wasser

- würfelig geschnittene Zwiebel anrösten
- würfelig geschnittenes Brot dazugeben und mitrösten
- mit heißer Suppe aufgießen, würzen
- einige Minuten kochen lassen
- die Eier in der Suppe gut versprudeln
- Suppe aufteilen und mit gehackter Petersilie bestreuen

Sauerkrautsuppe

1 kleine Zwiebel
etwas Öl
25 dag Sauerkraut
1 Lorbeerblatt
2 Wacholderbeeren
1/2 Teelöffel Kümmel
Salz, Pfeffer
1 kleine Kartoffel
1 EL saure Sahne
1 l Fleischsuppe

- würfelig geschnittene Zwiebel anrösten
- Sauerkraut dazugeben, mit etwas Suppe aufgießen
- Lorbeerblatt, Wacholderbeeren und Kümmel dazugeben
- ca. 10 Minuten langsam kochen lassen
- rohe Kartoffel in die Suppe reiben, salzen, pfeffern und mit der restlichen Suppe aufgießen
- 5 Minuten kochen lassen
- Sahne unterrühren und servieren

Suppen

Sauerampfersuppe

1 kleine Zwiebel
etwas Öl
1 EL Mehl
1 Knoblauchzehe
Salz, Pfeffer
8 dag Sauerampfer
3 EL Rahm

- würfelig geschnittene Zwiebel anrösten
- mit Mehl stauben, mit Wasser aufgießen
- mit Salz und Pfeffer würzen
- ca. 15 Minuten leicht kochen lassen
- feingehackten Sauerampfer unter die Suppe rühren
- ca. 3 Minuten leicht köcheln lassen
- Rahm unterrühren, Suppe abschmecken und servieren

Bauernsuppe

6 dag Karotten
6 dag Porree
6 dag Sellerieknolle
2 EL Weizenschrot
3 EL Haferschrot oder Haferflocken
2 EL frische Kräuter
Salz
1 l Gemüsesud
2 EL Sahne

- Weizen- und Haferschrot mit Wasser bedecken
- 1 Stunde stehen lassen
- Gemüse in kleine Würfel schneiden und im Gemüsesud halb weich kochen
- eingeweichten Weizen- und Haferschrot dazugeben und würzen
- 10 Minuten kochen lassen
- frisch gehackte Kräuter und Sahne unterrühren

Erdäpfelschlutzkrapflan

Gerstsuppe

10 dag geräucherter Speck
10 dag Gerste
20 dag Selchfleisch
6 dag Karotten
4 dag Porree
6 dag Kartoffeln
4 dag Sellerie
Salz, Pfeffer
Schnittlauch

- würfelig geschnittenen Speck anrösten
- Gerste dazugeben, mit ca. 2 l Wasser auffüllen
- aufkochen lassen
- Selchfleisch beifügen
- 2 Stunden kochen lassen
- 20 Minuten vor Ende der Garzeit kleinwürfelig geschnittenes Gemüse dazugeben
- Suppe abschmecken, Fleisch in kleine Stücke schneiden und wieder in die Suppe geben
- Suppe aufteilen und mit gehacktem Schnittlauch bestreuen

Brennsuppe

7 dag Butter
7 dag Mehl
Salz, Lorbeerblatt
1 l Wasser
1 Semmel

- Butter schmelzen, Mehl hineinsieben
- mit Schneebesen gut verrühren
- mit Wasser aufgießen
- Lorbeerblatt dazugeben, salzen
- 30 Minuten kochen lassen
- abschmecken und mit Brotwürfeln servieren

TIP

Eventuell zum Schluß 1 Ei hineinschlagen und nochmal aufkochen lassen.

Grießnockensuppe

10 dag Butter
2 Eier
Salz, Muskatnuß
20 dag Grieß
1 l Fleischsuppe oder Gemüsesud
Schnittlauch

- Butter flaumig rühren, mit Salz und Muskatnuß würzen
- nach und nach die Eier dazurühren
- Weizengrieß untermischen
- mit Eßlöffel Nocken formen
- im Salzwasser ca. 25 Minuten ziehen lassen
- mit Schnittlauch in der Suppe servieren

Erdäpfelsuppe mit Milch

1 Zwiebel
etwas Öl
60 dag Kartoffeln
wenig Salz, Pfeffer
3 EL Kräuter:
Majoran, Thymian, Petersilie, Basilikum
Salz, Pfeffer
3/4 l Milch
1 Semmel

- Zwiebelwürfel anrösten
- Kartoffelwürfel dazugeben
- mit 1/4 l Wasser aufgießen
- mit Salz und Pfeffer würzen
- Suppe kochen lassen
- Suppe pürieren, Milch unterrühren
- 5 Minuten kochen lassen
- feingehackte Kräuter dazugeben
- mit gebähten Brotwürfeln servieren

Krautnocken

80 dag Kartoffeln
1 Dotter
30-35 dag Weizen-
oder Dinkelmehl
Salz, Muskat

Kraut:
50 dag Sauerkraut
1/2 Zwiebel
etwas Öl
Kümmel
1 Knoblauchzehe

- rohe Kartoffeln reiben und etwas Wasser auspressen
- Mehl, Dotter, Salz und Muskat unterrühren
- kleine Nocken formen
- in Salzwasser ca. 15 Minuten ziehen lassen
- Nocken auf Sauerkraut servieren

Sauerkraut:
- würfelig geschnittene Zwiebel anrösten, Sauerkraut dazugeben und abschmecken

Gemüsegerste

1 Zwiebel
etwas Öl
4 dag Karotten
4 dag Sellerie
4 dag Porree
Salz, Pfeffer
20 dag eingeweichte Gerste
1/2 l Wasser oder Gemüsesud
Schnittlauch

- Zwiebelwürfel anrösten
- Gemüsewürfel und Gerste dazugeben
- mit Wasser oder Gemüsesud aufgießen, würzen
- 20 Minuten kochen lassen
- abschmecken und mit Schnittlauch servieren

Gemüsegerste

Polenta mit Steinpilzen

20 dag Polentamehl
1 l Wasser
Salz
30 dag Steinpilze
1/2 Zwiebel
1 EL Mehl
Salz, Pfeffer
Petersilie
1 EL Sahne

- Wasser aufkochen
- Polentamehl einrühren, aufkochen und ca. 45 Minuten ausquellen lassen
- für die Pilzsauce würfelig geschnittene Zwiebel anrösten
- blättrig geschnittene Pilze dazugeben
- mit Mehl stauben und würzen
- mit Wasser aufgießen und ca. 20 Minuten dünsten lassen
- mit Petersilie und Sahne abschmecken und zu Polenta reichen

TIP

Süße Variante: Polenta mit Marillenmarmelade bestreichen und mit zerlassener Butter abschmecken.

Überbackene Spinatschupfnudeln

50 dag Kartoffeln
10 dag passierter Spinat
15 dag Mehl
2 Dotter
Salz, Pfeffer
Muskatnuß

Sauce:
1/4 l Milch
5 dag Butter
2 dag Mehl
10 dag Schinken
Salz, Pfeffer
Muskatnuß

- Kartoffeln dämpfen, schälen und passieren
- mit Spinat, Mehl, Dotter, Gemüse rasch zu einem Teig verarbeiten
- Rolle formen, kleine Stücke herunterschneiden und ca. 3 cm lange Nudeln formen
- ins kochende Salzwasser geben, aufkochen lassen
- abseihen und in eine befettete Auflaufform geben
- mit Sauce übergießen
- im heißen Rohr ca. 20 Minuten überbacken

Bechamelsauce:
- Butter schmelzen, Mehl einrühren, mit heißer Milch aufgießen
- würzen mit Salz, Pfeffer, Muskatnuß
- würfelig geschnittenen Schinken unterrühren

TIP

Für den Kartoffelteig alle Zutaten rasch zusammenkneten, sonst wird der Teig zu weich und läßt sich nicht mehr ausarbeiten.

Gefüllte Teigtaschen

25 dag Weizenmehl
2 Eier
2 EL Öl
Salz

Fülle:
15 dag Wirsing
8 dag Topfen
1/2 Zwiebel
2 Knoblauchzehen
etwas Öl
Salz, Pfeffer, Petersilie
zerlassene Butter
Parmesan
Schnittlauch

- Mehl, Eier, Öl und Salz zu einem Nudelteig zusammenkneten
- 1 Stunde kühl rasten lassen
- für die Fülle würfelig geschnittene Zwiebel anrösten, fein gehackten Wirsing und Knoblauch dazugeben, mit Weißwein löschen, 5 Minuten dünsten, würzen und Topfen untermengen
- Nudelteig dünn auswalken, mit Fülle belegen, zusammenlegen und rund ausstechen
- in Salzwasser 5 Minuten leicht kochen
- mit Parmesan, Butter und Schnittlauch servieren

TIP

Anstelle von Wirsing kann man auch Weißkraut verwenden.

Erdäpfelblattlan mit Sauerkraut

Fastenspeisen

Spargel mit Kräutersauce

20 Stk. Spargel
Salz, Zitronensaft
1 Dotter
Salz, Pfeffer
1 Schuß Essig
1 TL Senf
2 EL Öl
200 ml Naturjoghurt
feingehackte Kräuter

- Spargel schälen und weichkochen
- aus Dotter, Gewürzen, Essig, Senf und Öl eine Mayonnaise zubereiten
- Joghurt und feingehackte Kräuter mit Schneebesen unterrühren
- Spargel mit Sauce, Schinken und Kartoffeln servieren

TIP

Durch das Joghurt wird die Mayonnaise leichter verdaulich.

Topfenknödel

6 dag Butter
1 Prise Salz
1 Ei
25 dag Topfen
13 dag Weizenmehl
Butter und Brösel zum Wenden
Petersilie zum Bestreuen

- Butter, Salz und Ei flaumig rühren
- Topfen und gesiebtes Mehl unterrühren
- kleine Knödel formen
- ca. 10-15 Minuten in Salzwasser leise köcheln lassen
- in Bröseln wälzen und mit Salat oder Gemüse servieren

TIP

Dieser Teig ist auch für Obstknödel geeignet: in die Mitte der Knödel Zwetschken oder Marillen geben.

Fastenspeisen

Brennessel-topfennocken

25 dag Topfen
2 Eier
4 dag Weizenmehl
6 dag Brösel
Salz, Muskat
10 dag blanchierte, passierte Brennessel
Butter und Parmesan zum Bestreuen

- alle Zutaten vermengen
- 15 Minuten stehen lassen
- Nocken formen
- ca. 20 Minuten in Salzwasser leicht kochen lassen
- mit zerlassener Butter und Parmesan servieren

TIP

Durch das Blanchieren (Gemüse mit heißem Wasser übergießen) wird das Gemüse vorgegart.

Pfifferlinggröstel

50 dag Pfifferlinge
1 kleine Zwiebel
etwas Öl
Salz, Pfeffer
1 Knoblauchzehe
etwas Weißwein
1/8 l Fleischsuppe
70 dag gekochte Kartoffeln
3 EL Sahne
Petersilie

- Zwiebelwürfel anrösten
- grob gehackte Pfifferlinge dazugeben
- sobald der Saft eingekocht ist, mit Weißwein löschen
- gehackten Knoblauch, Salz und Pfeffer beifügen
- in Scheiben geschnittene Kartoffeln dazugeben
- mit etwas Suppe aufgießen und dünsten
- vor dem Servieren mit Sahne und Petersilie verfeinern

TIP

Tiefkühlpilze ohne Auftauen verwenden.

Spinatnocken

1 kleine Zwiebel
etwas Öl
60 dag Spinat
1 Knoblauchzehe
Salz, Pfeffer
Muskatnuß
30 dag Weißbrot
ca. 1/4 l Milch
2 Eier
4 dag Mehl
Parmesan
zerlassene Butter

- Zwiebelwürfel anrösten
- blanchierten Spinat hinzufügen, mit Salz, Pfeffer, Muskatnuß und gepreßtem Knoblauch würzen
- Brotwürfel, Spinat, Milch, Eier und Mehl gut vermengen
- Masse etwas ziehen lassen
- Nocken formen
- in Salzwasser 15 Minuten leicht kochen lassen
- mit Butter und Parmesan servieren

Spinattopfennocken

40 dag blanchierter, passierter Spinat
40 dag Topfen
2 Eier
8 dag Mehl
4 dag Parmesan
Muskatnuß, Salz
Schnittlauch
etwas zerlassene Butter
Parmesan

- alle Zutaten miteinander vermischen
- Nocken formen
- ins kochende Salzwasser einlegen und ca. 10 Minuten ziehen lassen
- mit Schnittlauch, Parmesan und Butter servieren

TIP

Die Butter bei niedriger Temperatur schmelzen, sie soll gelblich-weißlich sein.

Preßknödel

Erdäpfelblattlan mit Sauerkraut

1 kg Kartoffeln
20 dag Weizenmehl
3 Dotter
Salz, Muskatnuß
Fritieröl
Sauerkraut

- Kartoffeln dämpfen, schälen, heiß pressen
- auskühlen lassen
- Mehl, Salz, Muskatnuß und Dotter unter die Kartoffeln kneten
- Teig austreiben
- rechteckige Blätter schneiden
- im heißen Öl goldgelb backen
- mit Sauerkraut servieren

TIP

Erdäpfelblattlan auf Küchenkrepp abtropfen lassen.

Aschernudel

25 dag Schwarzpolentamehl
5 dag Weizenmehl
2 Eier
Salz, frische Kräuter
Milch nach Bedarf
3 dag zerlassene Butter
5 dag Parmesan

- alle Zutaten zu einem nicht zu weichen Teig kneten
- 1/2 Stunde rasten lassen
- messerrückendick auswalken
- in 2 x 2 cm dicke Streifen schneiden
- in Salzwasser kochen
- mit zerlassener Butter und Parmesan servieren

TIP

Wasser erst salzen, wenn es kocht.

Fastenspeisen

Schupfnudel

20 dag Roggenmehl
20 dag Weizenmehl
2 Eier
Salz
ca. 1/4 l kaltes Wasser
200 ml Sahne

- Mehl, Eier, Salz und Wasser zu einem festen Teig zusammenkneten
- ca. 4 cm große Nudeln formen
- in einer Pfanne Sahne erhitzen
- Nudeln dazugeben
- ca. 20 Minuten garen, dabei öfters umrühren

Schwarzpolentamus

25 dag Schwarzpolentamehl
10 dag Weizenmehl
1 l Milch
1/2 l Wasser
Salz
5 dag zerlassene Butter

- Milch, Wasser, Salz zum Kochen bringen
- das vermischte Mehl mit dem Schneebesen einrühren
- 30 Minuten langsam kochen lassen, dabei ständig rühren
- Mus etwas abkühlen lassen
- mit zerlassener Butter abschmelzen

Fastenspeisen

Schwarzpolentanocken

30 dag Weißbrot
3-4 Eier
Salz, Pfeffer
Schnittlauch
Petersilie
18 dag Schwarzpolentamehl
1/8 - 1/4 l Wasser oder Milch
4 dag Weizenmehl
15 dag Gorgonzola

- Brotwürfel, Gewürze, Eier, Kräuter, Wasser und Mehl zu einem eher weichen Knödelteig verarbeiten
- etwas rasten lassen
- Nocken formen
- in die Mitte ein Stück Käse geben
- in Salzwasser ca. 15 Minuten leicht kochen lassen

TIP

Als Variation kann man Speckwürfel anstelle von Käse in den Teig geben.

Graukäsenocken

1 kleine Zwiebel
etwas Öl
30 dag Weißbrot
ca. 1/4 l Milch
20 dag Graukäse
3 Eier
Salz, Pfeffer
Petersilie
Schnittlauch
4 dag Mehl
Parmesan
etwas zerlassene Butter

- Zwiebelwürfel anrösten
- Brotwürfel, Zwiebel, Eier, Milch, Gewürze, Kräuter, Mehl und Käsewürfel gut vermengen
- Masse 10 Minuten ziehen lassen
- Nocken formen
- in Salzwasser 15 Minuten leicht kochen lassen
- mit Parmesan und Butter servieren

Tris: Schwarzpolentanocken, Spinatnocken, Graukäsenocken

Fastenspeisen

Lüsner Krapfen

Sauerteig:
1/4 l Buttermilch
2 dag Germ
4 EL Roggenmehl

Teig:
70 dag Roggenmehl
12 dag Weizenmehl
3/4 l saure Milch
2 dag Germ
6 dag zerlassene Butter
1 EL Rum
Salz
2 EL Anis

- Buttermilch mit Germ und Roggenmehl verrühren
- 36 Stunden stehen lassen
- Weizen- und Roggenmehl mischen, salzen und Anis dazugeben
- Dampfl zubereiten
- Sauerteig, Dampfl, Mehl und restliche Zutaten zu einem mittelfesten Teig verarbeiten
- Teig gehen lassen
- eine Rolle formen
- ca. 50 g schwere, längliche Scheiben abschneiden
- Teigstücke in Mehl wälzen und längliche Rollen formen (Schnittfläche ist obenauf)
- gehen lassen
- mit scharfem Messer die Rollen der Länge nach einritzen
- jeweils 2 Teigrollen an den oberen und unteren Enden zusammendrücken, sodaß ein Paar entsteht
- mit dem Einschnitt nach oben ins heiße Fett legen
- langsam backen
- mit Fleischsuppe servieren

Erdäpfelschlutzkrapflan

50 dag Kartoffeln
2 Dotter
Salz, Muskatnuß
4 dag Butter
20 dag Mehl

Fülle:
10 dag Topfen
2 dag Schinken
1 Dotter
Salz, Pfeffer
Petersilie
3 dag Parmesan
zerlassene Butter
Parmesan

- Kartoffeln dämpfen, schälen und heiß pressen
- Kartoffeln, Dotter, Gewürze, Butter und Mehl rasch zu einem Kartoffelteig zusammenkneten
- für die Fülle alle Zutaten gut vermengen
- Kartoffelteig auswalken
- Scheiben ausstechen, mit Fülle belegen
- zusammenklappen, gut andrücken
- im kochenden Salzwasser ca.

Probieren Sie die Schlutzkrapflan auch mit Spinat- oder Käsefülle.

Tirtlan

30 dag Roggenmehl
15 dag Weizenmehl
5 dag Butter
Salz
ca. 1/4 l Wasser-Milch-Gemisch

Fülle:
30 dag Topfen
16 dag Kartoffeln
Salz, Pfeffer
Muskatnuß
1 Knoblauchzehe
Schnittlauch
1 kleine Zwiebel
Fritieröl

- Topfen, gekochte, zerdrückte Kartoffeln, Gewürze, würfelig geschnittene Zwiebel vermengen
- Mehl, zerlassene Butter, Salz und lauwarmes Wasser-Milch-Gemisch zu einem glatten Teig kneten
- 30 Minuten rasten lassen
- Teig dünn zu 15 cm runden Blättern austreiben
- mit Fülle belegen
- 2. Teigblatt darüberlegen, Ränder gut andrücken und abradeln
- im heißen Fritieröl herausbacken

TIP

Weitere Füllen sind Spinat-, Sauerkraut- oder Mohnfülle

Tirtlan

Fastenspeisen

Preßknödel

30 dag Weißbrot
15 dag Graukäse
1/8 l Milch
2 Eier
8 dag Porree
Schnittlauch
Salz, Pfeffer, Kümmel
6 dag Mehl
etwas Öl

- würfelig geschnittenes Brot, Käse, Porree, Milch, Eier, Schnittlauch, Salz, Pfeffer, Kümmel und Mehl gut vermengen
- Masse 15 Minuten ziehen lassen
- plattgedrückte Knödel formen
- in wenig Öl auf beiden Seiten goldgelb anbraten
- in kochendes Salzwasser legen und 15 Minuten ziehen lassen
- in der Suppe oder mit Krautsalat servieren

Pusterer Preßknödel

20 dag Mehl
15 dag Gorgonzola
10 dag Porree
2 Eier
1 EL Öl
Salz, Pfeffer
feingehackter Schittlauch
etwas Öl

- Mehl, Salz, Öl, Eier, Schnittlauch, Gorgonzola und Porreestückchen mit etwas Wasser zu einem eher festen Teig verarbeiten
- in einer Pfanne etwas Öl erhitzen, kleine Häufchen hineingeben
- auf beiden Seiten hell backen
- ins kochende Salzwasser legen
- 15 Minuten ziehen lassen
- in der Suppe oder mit Salat servieren

TIP

Durch den Gorgonzola ist die Knödelmasse eher fettreich, deshalb wenig Öl in die Pfanne geben.

Kloatzenschlutzkrapfen

Teig:
30 dag Mehl
1 Prise Salz
2 Eier
4 EL Wasser
Mohn zum Bestreuen

Fülle:
20 dag Kloatzen
(gedörrte Birnen)
1/2 l Wasser
1 EL Rum
1 Vanillezucker

- Mehl, Salz, Eier und lauwarmes Wasser zu einem mittelfesten Teig zusammenkneten
- 1/2 Stunde zugedeckt rasten lassen
- dünn austreiben, Scheiben ausstechen
- mit Fülle belegen, zusammenklappen, Rand fest andrücken
- in Salzwasser ca. 10 Minuten leicht kochen lassen
- mit geriebenem Mohn bestreuen

Fülle:
- Birnen mit Wasser weichkochen und passieren
- mit Rum und Vanillezucker abschmecken

Melchermuas

1 l Rahm
1/2 Mehlsieb griffiges Roggenmehl
Salz
6-8 Stück Palabirn oder Kompott

- Rahm und Salz aufkochen lassen
- gesiebtes Mehl mit Schneebesen einrühren
- ca. 5 Minuten ständig rühren
- 20-30 Minuten ausdünsten lassen, dabei öfters mit "Stecher" (Muaser) umrühren
- mit Palabirn oder Kompott servieren

Schwarzbeerlaibchen

1/2 kg Schwarzbeeren
3 Eier
6 dag Mehl
Salz
1 Vanillezucker
Butter für die Pfanne
Zucker

- Schwarzbeeren, Eier, Zucker, Salz und Mehl verrühren
- in einer Pfanne Butter erhitzen
- Schwarzbeermasse mit Löffel in die Pfanne geben, kleine Laibchen formen, goldgelb backen
- mit Zucker bestreuen und mit Milch servieren

TIP

Anstelle von Schwarzbeeren können auch Äpfel verwendet werden.

Völser Kirchtagskrapfen, Kniekiachlan und Marmeladekrapfen

Hauptspeisen

Bozner Herrengröstel

TIP

Für die Fleischsuppe grobgehacktes Wurzelwerk anrösten, aufgießen, kochen lassen, Fleisch hinzufügen, köcheln lassen.

80 dag Kartoffeln
1 Zwiebel
etwas Öl
50 dag gekochte Rindsschulter
Salz, Pfeffer, Majoran
1 Lorbeerblatt
1/8 l Fleischsuppe

- Kartoffeln dämpfen, schälen, auskühlen lassen
- in Scheiben schneiden
- würfelig geschnittene Zwiebel anrösten
- Kartoffeln dazugeben, salzen, pfeffern und Kräuter dazugeben
- gut durchrösten
- blättrig geschnittenes Fleisch dazugeben
- alles gut durchrösten
- mit wenig Fleischsuppe aufgießen, durchschwenken und mit Krautsalat servieren

Hauptspeisen

Kalbsleber auf venezianische Art

40 dag geschnetzelte Kalbsleber
1 Zwiebel
etwas Öl
1/8 l Weißwein
etwas Fleischsuppe
Majoran, Salz
weißer Pfeffer
Zitronensaft
gehackte Petersilie

- Kalbsleber in etwas Öl rasch anbraten, herausnehmen und warmhalten
- mit Weißwein löschen, angeröstete Zwiebelwürfel dazugeben, mit Fleischsuppe aufgießen
- aufkochen lassen, würzen, Majoran und Zitronensaft dazugeben, abschmecken
- Kalbsleber untermischen und mit gehackter Petersilie servieren

---

Leber erst nach dem Anbraten salzen, sonst wird sie hart.

Kalbsvögelen mit Polenta

4 Kalbsschnitzel à 6 dag
Salz, Pfeffer
2 Schinkenblätter
4 dünne Käsescheiben
8 Spinatblätter
Petersilie, Oregano
1/16 l Weißwein
1/2 EL Mehl
2 EL Sahne

- Schnitzel würzen
- mit blanchiertem Spinat, Schinken und Käse belegen
- mit feingehackten Kräutern bestreuen
- fest einrollen, mit Zahnstochern fixieren
- in der heißen Pfanne von allen Seiten gut anbraten
- mit Weißwein löschen
- stauben, aufgießen und zugedeckt 10 Minuten garen lassen
- Sahne unterrühren
- mit Polenta servieren

TIP

Fleisch erst kurz vor Zubereitung salzen, sonst wird es trocken.

Kalbsvögelen mit Polenta

Hauptspeisen

Gerollter Senfbraten

1 kg Schweinsschopf
Salz, Pfeffer
8 dag mittelscharfer Senf
etwas Öl
1 Zwiebel
4 Gewürznelken
1/4 l Weißwein
eventuell 1 EL Mehl
Petersilie

- Fleisch mit Salz und Pfeffer würzen
- auf allen Seiten gut anbraten, mit Wein löschen
- mit Senf bestreichen
- mit etwas Wasser oder Suppe aufgießen
- Zwiebelwürfel, Nelken hinzufügen
- im vorgeheizten Rohr ca. 1 1/4 Stunden garen lassen
- dabei öfters mit heißer Flüssigkeit begießen und wenden
- Sauce passieren, mit Mehl binden, gehackte Petersilie unterrühren
- Braten aufschneiden und mit Reis oder Knödel und Gemüse servieren

TIP

Senf erst nach dem Anbraten aufstreichen, sonst wird das Fleisch bitter.

Schweinsrippelen mit Erdäpfeln

80 dag Schweins-
rippelen
70 dag Kartoffeln
etwas Öl
Salz, Pfeffer
Knoblauch, Kümmel

- Rippelen mit Salz, Pfeffer, zerquetschtem Knoblauch und Kümmel einreiben
- in einer Bratpfanne auf allen Seiten anbraten
- mit etwas Wasser aufgießen
- ca. 30 Minuten dünsten lassen
- geschälte, geviertelte Kartoffeln dazugeben, salzen
- ca. 45 Minuten dünsten lassen
- mit Kümmel bestreuen und mit Krautsalat servieren

Bauerneintopf

50 dag Schweins- oder Kalbsschulter
10 dag Speck
8 dag Karotten
1 kg Kartoffeln
2 Zwiebeln
3/4 l Rindsuppe
Salz, Pfeffer
1 Knoblauchzehe

- Fleisch würfelig schneiden
- Speckwürfel, Zwiebelscheiben gut anrösten
- Fleisch dazugeben, anrösten
- in Scheiben geschnittene Kartoffeln und Karotten dazugeben
- mit Suppe aufgießen
- würzen mit Salz, Pfeffer, Knoblauch
- zudecken und auf kleiner Flamme ca. 30 Minuten dünsten

Fleischstrudel

25 dag Mehl
2 gestrichene KL Backpulver
20 dag Butter
25 dag Topfen
Salz, Muskat

Fülle:
40 dag Faschiertes
2 Eier
Salz, Pfeffer
Majoran, Petersilie
1 kleine Zwiebel
1 Knoblauchzehe
1 EL Mehl
Ei zum Bestreichen

- alle trockenen Zutaten mischen
- Butter abbröseln
- mit Topfen rasch zu einem Mürbteig verarbeiten
- ca. 30 Minuten kühl rasten lassen
- für die Fülle Zwiebelwürfel anrösten
- Faschiertes gut durchrösten, mit den Gewürzen abschmecken
- Mehl unterrühren
- Masse abkühlen, Eier unterrühren
- 2 Teigblätter auswalken
- mit Fleischfülle belegen
- einrollen, mit Ei bestreichen
- bei 180°C ca. 30 Minuten backen
- mit Gemüse servieren

Bozner Herrengröstel

Lammrücken mit Knoblauchsauce

80 dag Lammrücken
Salz, Pfeffer
1/8 l Weißwein
4 Knoblauchzehen
1 TL mittelscharfer Senf
Minzeblätter
1/8 l Fleischsuppe
4 dag Butter

- Lammrücken salzen und pfeffern
- in der Pfanne scharf anbraten
- mit Weißwein löschen
- für 10 Minuten bei 200°C ins Rohr schieben
- gehackte Knoblauchzehen, Minzeblätter, Senf und Fleischsuppe dazugeben
- für 7 Minuten ins Rohr schieben
- Sauce passieren, eventuell mit etwas Butter verfeinern und zum Lammrücken servieren

TIP

Kräuter erst nach dem Anbraten aufstreichen, sonst verbrennen sie.

Schnalser Bauernbratl

1 kg Schaffleisch
(Schlögel, Schulter)
Salz, Pfeffer
Neugewürz
1 Knoblauchzehe
1 Zwiebel
Rosmarin, Majoran
1/8 l Rotwein
80 dag Kartoffeln

- Fleisch mit Salz, Pfeffer und Neugewürz würzen
- in einer Bratpfanne auf allen Seiten gut anbraten
- mit Rotwein löschen
- Knoblauch, Zwiebelstücke und Kräuter dazugeben
- ca. 1 Stunde im Rohr braten
- eventuell mit heißem Wasser oder Suppe aufgießen
- zum Schluß Sauce abseihen, eventuell mit etwas Mehl binden
- die letzten 20 Minuten die Kartoffelwürfel dazugeben

TIP

Schaffleisch sehr heiß servieren, da das Fett schnell erstarrt.

# Pikante Rehschnitzel

4 Rehschnitzel

Marinade:
1 Weinglas Essig
2 Nelken
3 zerdrückte Wacholderbeeren
3 Pfefferkörner
Thymian
1 kleine Zwiebel
Salz, Pfeffer
etwas Öl
Weinbrand
eventuell etwas Mehl

- Marinade aus Essig, Nelken, Wacholderbeeren, Pfefferkörner, Thymian, und Zwiebelwürfeln zubereiten
- ca. 15 Minuten kochen lassen
- Rehschnitzel etwa 1 Stunde in die ausgekühlte Marinade legen
- Schnitzel abtrocknen, würzen und auf beiden Seiten gut anbraten
- Schnitzel aus der Pfanne nehmen
- mit Mehl stauben, mit etwas Marinade aufgießen
- mit einigen Tropfen Weinbrand abschmecken
- Sauce zu den Rehschnitzeln servieren

> **TIP**
> Die Marinade macht das Fleisch mürbe; kein Salz in die Marinade geben!

Ribissaft, Himbeer- und Orangensirup, Holundersekt, Nußlikör, und Kümmelschnaps

Hauptspeisen

Gänsebraten

2 Gänsekeulen
Salz, Pfeffer
etwas Fleischsuppe
Schale einer halben Orange
1 EL Mehl
2 EL Rotwein

- Gänsekeulen mit Salz und Pfeffer einreiben
- Fleisch bei starker Hitze anbraten
- mit Fleischsuppe aufgießen
- weichdünsten
- Fleisch herausnehmen und warmstellen
- Orangenschale mit Mehl und Wasser zu einem Teig verrühren
- zum Bratenrückstand geben, aufkochen lassen
- mit Rotwein abschmecken
- Gänsekeulen tranchieren
- mit Soße und Reis oder Buchweizenspatzlan servieren

TIP

Bei starker Hitze anbraten: Außenschicht schließt sich, Fleischsaft kann nicht austreten.

Hirschgulasch

1 kg Hirschfleisch
(Hals, Rippen, Brust)
1/2 l Buttermilch
6 Stk. Wacholderbeeren
6 dag Speck
1 Zwiebel
ca. 2 dag Mehl
1/8 l Rotwein
Salz, Pfeffer, Thymian,
Knoblach, Lorbeerblatt

- Fleischstücke 2 Tage in Beize aus Buttermilch und Walcholderbeeren legen
- Zwiebel und Speckwürfel anrösten
- abgetropfte, abgetrocknete Fleischstücke dazugeben, gut durchrösten
- mit Mehl stauben
- mit Rotwein löschen
- würzen, mit ca. 2 Tassen Buttermilchbeize aufgießen
- zugedeckt ca. 90 Minuten dünsten
- mit Buchweizenspatzlan und Gemüse servieren

Durch die Buttermilchbeize wird der Geschmack des Hirschfleisches milder.

Hauptspeisen

Bozner Stockfischgröstel

TIP

3-S-Regel für die Zubereitung von Fischen: Fisch *säubern*: mit kaltem Wasser - *säuern*: mit Zitronensaft, Fischfleisch wird fester, Geruch wird gebunden - *salzen*: unmittelbar vor dem Garen, da Salz dem Fisch Wasser entzieht.

50 dag gekochte Kartoffeln
60 dag Stockfisch
1 kleine Zwiebel
etwas Öl
Salz, Pfeffer
2 Lorbeerblätter
1/8 l Sahne
Petersilie

- Fisch ca. 10 Minuten kochen
- entgräten und in Stücke schneiden
- Zwiebelwürfel und Kartoffelscheiben anrösten
- würzen und Fisch unterrühren
- gut durchrösten
- Sahne untermischen und einziehen lassen
- mit Petersilie bestreuen

Fischfilet mit Gemüse

TIP

Fischgerichte nicht aufwärmen, Gefahr der Eiweißvergiftung.

4 Fischfilets à 8 dag (Kabeljau, Schwertfisch)
1 Zitrone
Salz
etwas Öl
1/6 l Weißwein
6 dag Karotten
4 dag Porree
6 dag Zucchini
Salz, Petersilie

- vorbereitete Filets in der heißen Pfanne anbraten
- mit Weißwein löschen
- Gemüse in sehr feine Streifen schneiden
- zum Fisch geben, zugedeckt ca. 8 Minuten dünsten lassen
- mit Petersilie bestreuen und mit Polenta servieren

Fischfilet mit Gemüse

Nachspeisen, Gebäck

Vinschger Schneemilch

50 dag feingeschnittenes Weißbrot
lauwarme Milch
1 EL Rum
Zimt
4 dag Sultaninen
4 dag Walnüsse
1/8 l Rahm

- Brot mit lauwarmer Milch und Rum tränken
- 1/2 Stunde ziehen lassen
- gehackte Walnüsse, Zimt, Sultaninen unterrühren
- steif geschlagenen Rahm vorsichtig unterheben
- in Gläser füllen und kalt stellen

Germmingilan

50 dag Weizenmehl
8 dag Zucker
Salz
1/4 l lauwarme Milch
1 Ei
4 Dotter
8 dag Butter
3 dag Germ
1 EL Rum
1 Vanillezucker
Schale von 1 Zitrone
6 dag Sultaninen
Fritieröl

- Mehl mit Salz mischen
- Dampfl zubereiten
- alle Zutaten zu einem nicht zu festen, glatten Teig verarbeiten
- 30 Minuten gehen lassen
- mit einem in Öl getauchten Eßlöffel Nocken ausstechen
- ins heiße Fett einlegen und von allen Seiten hellbraun backen
- mit Kompott servieren

Nachspeisen, Gebäck

Topfenbuchteln

40 dag Mehl
Salz
1/8 l Milch
2 Dotter
5 dag Zucker
6 dag Butter
2 dag Germ

Fülle:
4 dag Butter
10 dag Zucker
2 Eier
40 dag Topfen
5 dag Sultaninen
ev. etwas Brösel

- Mehl mit Salz und Zucker vermischen
- Dampfl zubereiten bzw. Germ einbröseln
- Butter schmelzen und dazugeben
- Dotter mit Milch versprudeln, dazugeben
- zu einem mittelfesten Germteig abschlagen
- dann mit Löffel Teigstücke abstechen
- auseinanderziehen
- mit Topfenfülle füllen
- Buchteln in befettete Auflaufform einlegen
- noch einmal gehen lassen
- ca. 30-45 Minuten bei 180°C backen

Topfen-Früchte-Kuchen

10 dag Butter
1 Ei
10 dag Honig
10 dag Topfen
20 dag Weizenmehl
1 Backpulver
Obst (Äpfel, Marillen, Zwetschken) zum Belegen
Zimt

- Butter, Honig und Ei flaumig rühren
- Topfen und gesiebtes Mehl vorsichtig unter die flaumige Masse rühren
- Masse fingerdick auf ein befettetes Blech streichen
- vorbereitetes Obst darauf verteilen
- bei 180°C ca. 20 Minuten backen
- noch heiß mit Zimt bestreuen

Bozner Weihnachtszelten

Zwetschkenkuchen

35 dag Mehl
3 dag Germ
1/8 l Milch
1 Prise Salz
5 dag Butter
7 dag Zucker
Schale von 1 Zitrone
1 Ei

Belag:
1,5 kg Zwetschken
1 KL Zimt
1 EL Zucker

- Dampfl zubereiten
- Mehl mit Dampfl, lauwarmem Milch-Butter-Gemisch, Salz, Zucker, Zitronenschale, Ei zu mittelfestem Germteig zusammenkneten
- ca. 30 Minuten gehen lassen
- Teig auf einem befetteten Blech auswalken
- eng mit geviertelten Zwetschken belegen (Innenseite nach oben)
- ca. 40 Minuten bei 180°C backen
- noch heiß mit dem Zucker-Zimt-Gemisch bestreuen

TIP

Der Kuchen kann auch mit Marillen, Pfirsichen oder Äpfeln belegt werden.

/ Nachspeisen, Gebäck

Schwarzpolenta-Torte mit Äpfeln

25 dag Butter
25 dag Zucker
8 Eier
25 dag Schwarz-
polentamehl
1 Prise Salz
25 dag geriebene
Nüsse
1 Backpulver
1 Vanillezucker
2 Äpfel
Preiselbeermarmelade
zum Füllen

- Butter, Zucker, Vanillezucker, Salz, Dotter flaumig rühren
- Schwarzpolentamehl, Haselnüsse, Backpulver, geriebene Äpfel, steif geschlagenes Eiweiß locker unterheben
- bei 180°C 45 Minuten backen
- in der Mitte durchschneiden und mit Preiselbeermarmelade füllen

Nachspeisen, Gebäck

Apfelkiechl

4 Äpfel
Saft von 1 Zitrone
Zimt
12 dag Mehl
2 Eier
1 Prise Salz
1/8 l Milch
2 EL Rum
Staubzucker zum Bestreuen
Fritieröl

- Äpfel schälen, Kerngehäuse ausstechen
- in fingerdicke Scheiben schneiden
- mit Zitronensaft beträufeln und mit Zimt bestreuen
- aus Mehl, Dotter, Salz, Milch, Rum und steifgeschlagenem Eiweiß einen Backteig zubereiten
- Apfelscheiben eintauchen
- in heißem Öl goldgelb backen
- mit Staubzucker bestreuen

TIP: Anstelle von Milch Weißwein verwenden.

Mandeltorte

20 dag Zucker
8 Dotter
1 Ei
7 dag Brösel
1 EL Weizenmehl
1 KL Zimt
20 dag geriebene Mandeln
1 EL Rum
8 Eiweiß

- Zucker, Dotter und Ei sehr schaumig rühren
- Brösel, Mehl, Zimt, Mandeln und Rum vorsichtig unterheben
- steif geschlagenes Eiweiß unterheben
- in befetteter Tortenform bei 180°C ca. 50 Minuten backen

TIP: Eventuell mit Sahne füllen.

Haselnußkranz

30 dag Weizenmehl
2 TL Backpulver
10 dag Zucker
1 Vanillezucker
1 Ei
2 EL Milch
10 dag Butter

Fülle:
15 dag Nüsse
8 dag Zucker
1/2 Dotter
1 Eiweiß
3-4 EL Wasser
Schale von 1/2 Zitrone
1/2 Dotter
1 EL Milch

- Mehl und Backpulver mit Butter abbröseln
- mit Zucker, Vanillezucker, Ei und Milch rasch zu einem Teig zusammenkneten
- ca. 1/2 Stunde kühl rasten lassen
- gemahlene Nüsse mit Zucker, Dotter, Eiweiß, Wasser und Zitronenschale gut vermischen
- Teig zu einem Rechteck auswalken
- Fülle gleichmäßig darauf verteilen
- einrollen
- mit verquirltem Dotter und Milch bestreichen
- mit Schere einschneiden
- bei 180°C ca. 45 Minuten backen

/ Nachspeisen, Gebäck

Schwarzplentene Roulade

6 Dotter
4 EL Zucker
1 Vanillezucker
3 EL heißes Wasser
6 Eiweiß
4 EL Schwarzpolentamehl
2 EL Weizenmehl
1 MS Backpulver
200 ml Sahne
10 dag Preiselbeermarmelade

- Dotter, Zucker und Wasser schaumig rühren
- Mehl mit Backpulver vermischen
- steif geschlagenes Eiweiß und Mehl abwechselnd unter die Schaummasse heben
- Masse aufs Backblech mit Backpapier streichen
- bei 190°C ca. 12-15 Minuten backen
- Roulade stürzen, aufrollen und erkalten lassen
- steif geschlagene Sahne mit Marmelade mischen
- Roulade damit füllen

TIP

Roulade auf ein bezuckertes Geschirrtuch stürzen, Papier abziehen; Roulade mit dem Geschirrtuch eng einrollen.

Bozner Weihnachtszelten

75 dag Sultaninen
15 dag Datteln
25 dag Feigen
10 dag Mandeln
10 dag Haselnüsse
15 dag Walnüsse
6 dag Pignoli
1/16 l Rum
1/16 l Brandy
1/2 TL Zimt
1 MS Nelkenpulver
Saft und Schale von 3 Orangen

Brotteig:
10 dag Roggenmehl
5 dag Weizenmehl
2 dag Germ
1/2 TL Zucker
Salz, Kümmel
lauwarmes Wasser

- Sultaninen, gehackte Mandeln, Datteln, Feigen, Nüsse, Walnüsse, Pignoli, Zimt, Nelkenpulver, Orangensaft und -schale mischen
- Brandy und Rum dazugeben
- über Nacht zugedeckt stehen lassen
- für den Brotteig Mehle mischen, Dampfl zubereiten, alles mischen und zu einem eher weichen Germteig zusammenkneten, ca. 40 Minuten gehen lassen
- Früchtemasse mit Brotteig vermischen
- mit feuchten Händen kleine Laibe formen
- mit Mandeln verzieren
- bei 180°C ca. 40 Minuten backen
- öfters mit Honigwasser bestreichen

Tschöggelberger Krapfen

50 dag Weizenmehl
Salz
1 Ei
5 dag Butter
ca. 1/4 l lauwarme Milch
1 EL Rum
2 EL Öl
Marillenmarmelade zum Füllen
Fritieröl

- alle Zutaten zu einem mittelfesten Teig zusammenkneten
- 1 Stunde rasten lassen
- Teig dünn auswalken
- auf der Hälfte des Teigblattes in regelmäßigen Abständen von ca. 3 cm mit einem Teelöffel Marmelade daraufgeben
- Teigblatt zusammenschlagen
- mit Teigradl Rhomben ausradeln (jeweils zwischen der Fülle)
- im heißen Fett beidseitig hell backen

TIP

Wenn man dem Teig etwas Alkohol zufügt, wird beim Fritieren weniger Fett aufgesaugt.

Völser Kirchtagskrapfen

50 dag Weizenmehl
1 Ei
5 dag zerlassene Butter
1/4 l lauwarme Milch
Salz

Fülle:
20 dag Kloazen
ca. 1/2 l Wasser
1 EL Zimt
1 MS Nelkenpulver
Zitronenschale
1 Schuß Rum
Marmelade nach Geschmack
Fritieröl

- alle Zutaten zu einem glatten Teig verarbeiten
- 2 Stunden zugedeckt rasten lassen
- dünn auswalken
- die Hälfte des Teiges mit Fülle bestreichen, mit der anderen Hälfte zudecken
- Krapfen ausradeln
- im heißen Öl goldgelb backen

TIP

Krapfen auf Küchenpapier abtropfen lassen, damit das Fett aufgesaugt wird.

Nachspeisen, Gebäck

Sarner Ofenkrapfen

50 dag Roggenmehl
8 dag Zucker
8 dag Butter
2 Eier
2 dag Germ
etwas Salz
warme Milch nach Bedarf
1 TL Kümmel
1 TL Fenchel

Fülle:
8 dag gedörrte Birnen
8 dag getrocknete Kastanien
5 dag gemahlener Mohn
etwas Zimt, Nelkenpulver
6 dag Zucker

- Mehl mit Salz, Zucker und Gewürzen mischen
- Dampfl bereiten
- mit zerlassener Butter und Milch zu einem festen Germteig verkneten
- zugedeckt gehen lassen
- Rolle formen, Stücke herunterschneiden
- zu 1/2 cm dicken, ovalen Blättern auswalken
- der Länge nach mit Fülle belegen, zusammenklappen und abradeln
- ca. 1/2 Stunde gehen lassen
- bei 180°C hellbraun backen
- für die Fülle Birnen und Kastanien weichkochen
- passieren, mit Mohn, Zucker und Gewürzen mischen

Vinschger Kastanienkrapfen

50 dag Mehl
2 Dotter
1 Ei
5 EL Sahne
6 dag zerlassene Butter
etwas Milch
2 EL Öl
etwas Rum
Zitronensaft und -schale
1 Prise Salz

Fülle:
50 dag gebratene Kastanien
Milch, Honig
1 EL Zucker
5 dag Mohnzucker
1 EL Rum
Fritieröl

- alle Zutaten zu einem glatten, geschmeidigen Teig zusammenkneten
- Teig zu 2 Rechtecken dünn auswalken
- auf einem Rechteck Fülle daraufsetzen
- das zweite Rechteck darauflegen
- Krapfen ausradeln
- im heißen Fett schwimmend herausbacken

Fülle:
- geschälte Kastanien in Honigmilch weichdünsten, mit der flotten Lotte passieren und mit Zutaten und Rum abschmecken

Nachspeisen, Gebäck

Faschingsscherben

- 8 dag Butter
- 4 dag Zucker
- 2 Eier
- 1 Dotter
- 1/16 l Weißwein
- 3 EL Rum oder Schnaps
- 50 dag Mehl
- Fritieröl
- Staubzucker zum Bestreuen

- Butter, Zucker, Dotter und Eier flaumig rühren
- Alkohol und Mehl untermengen
- Teig ca. 3 mm dick auswalken
- Rauten von 6 cm Länge ausschneiden
- im heißen Öl goldgelb backen
- mit Staubzucker bestreuen

Marmeladekrapfen

- 22 dag Weizenmehl
- 18 dag Roggenmehl
- 1 Ei
- 1 Eidotter
- 2 EL Sahne
- 3 dag Butter
- 1 EL Öl
- 1/10 l Milch
- 1 TL Salz
- Marmelade zum Füllen
- Fritieröl zum Backen

- alle Zutaten zusammenkneten
- 1 Stunde rasten lassen
- ovale Blätter austreiben, mit Marmelade füllen, zusammenklappen, die Ränder festdrücken und abradeln
- schwimmend im heißen Öl herausbacken

TIP

Kastanien-, Zwetschken- oder Marillenmarmelade eignen sich hervorragend.

… Nachspeisen, Gebäck

Kniekiachlan

50 dag Mehl
1 Prise Salz
3 dag Germ
3 Dotter
6 dag Butter
5 dag Zucker
ca. 1/4 l Milch
1 Stamperl Rum
Fritieröl
Preiselbeermarmelade

- Mehl mit Salz vermischen
- Dampfl bereiten
- lauwarme Milch, Dotter, zerlassene Butter und Rum dazugeben
- zu einem mittelfesten Teig abschlagen
- zugedeckt gehen lassen
- mit einem Löffel Teigstücke abstechen, auf dem Brett zu Kugeln ausformen
- zugedeckt gehen lassen
- jedes Kiachl so auseinanderziehen, daß der Teig in der Mitte sehr dünn ist, am Rand soll er dick bleiben
- mit der oberen Seite nach unten in das heiße Öl einlegen, mit Öl bespritzen
- umdrehen und fertigbacken
- ins Loch kann Marmelade eingefüllt werden

Ultner Mohnkrapfen

50 dag Weizenmehl
15 dag Roggenmehl
15 dag Butter
2 Dotter
1/8 l Milch
ev. Wasser
Fritieröl

Fülle:
40 dag Mohn
40 dag Zucker
Zimt, Nelkenpulver
Zitronenschale
2 EL Rum

- alle Zutaten zu einem nicht zu weichen Teig zusammenkneten
- ca. 1 Stunde zugedeckt rasten lassen
- Teig auswalken, mit Fülle belegen, andere Teighälfte darüberklappen
- Ränder gut zusammendrücken, Krapfen ausradeln
- in heißem Öl herausbacken

Nachspeisen, Gebäck

Holzhackerbrot

35 dag Roggenvollkornmehl
15 dag Weizenvollkornmehl
5 dag Sauerteig
14 dag Haferflocken
3 dag Germ
1 TL Zucker
1 TL Salz
ca. 1/4 l Milch
1 TL Kümmel
1 TL Brotklee

- Dampfl zubereiten
- Mehle mit Salz, Kümmel und Brotklee mischen
- mit lauwarmer Milch, Sauerteig und Haferflocken zu einem Brotteig abkneten
- ca. 1 Stunde gehen lassen
- einen Laib formen
- 30 Minuten gehen lassen
- bei 220°C ca. 1 Stunde backen

TIP

Gewürze mahlen bzw. zerstoßen, dadurch entfalten sie ein besseres Aroma.

Topfenweggelen

50 dag Weizenvollkornmehl
20 dag Zucker
15 dag Butter
1 Backpulver
1 Vanillezucker
Schale von 1 Zitrone
25 dag Topfen
2 Eier
1 Prise Backpulver
je 6 dag Sultaninen, Nüsse, Schokolade

- alle Zutaten zu einem Teig zusammenkneten
- 3 schmale Weggelen formen
- bei 180°C 30 Minuten backen
- auskühlen lassen, mit zerlassener Butter bestreichen und mit Staubzucker bestreuen

Müslibrot

60 dag Weizen-
vollkornbrot
10 dag Walnüsse
8 dag Sultaninen
4 dag Germ
Salz
1 TL Zimt
300 ml Wasser
1/8 l Milch
3 dag Butter

- Mehl mit Salz und Gewürzen mischen
- Dampfl bereiten
- mit zerlassener Butter, lauwarmer Milch und Wasser, gehackten Walnüssen und Sultaninen zu einem Brotteig abkneten
- ca. 1 Stunde gehen lassen
- Laibe ausformen
- mit Wasser oder Kaffee bestreichen, einstechen
- noch einmal kurz gehen lassen
- bei ca. 250°C (unterste Schiene) 20 Minuten backen
- auf 190°C zurückschalten und fertigbacken

TIP

Beim Brotbacken ein Gefäß mit Wasser zur Dampfentwicklung ins Rohr stellen.

Osterbrot

30 dag Weizenvollkornmehl
3 dag Germ
2 dag Zucker
2 Dotter
3 dag Butter
1/8 l Milch
Salz
1 EL Anis

- Dampfl zubereiten
- Mehl mit Salz und Anis mischen
- mit lauwarmer Milch, Dotter, zerlassener Butter zu einem Brotteig abkneten
- 1 Stunde gehen lassen
- Laibe formen und bestreichen
- nochmals gehen lassen
- 50 Minuten bei 200°C backen

TIP

Weizenbrote mit lauwarmem Wasser, Kaffee oder Milch bestreichen, Brote bekommen dadurch eine glatte Kruste.

Verschiedenes

Saure Zucchini

2 kg Zucchini
6 Weingläser Öl
4 Weingläser Essig
2 Zwiebeln
30 Basilikumblätter
6 Knoblauchzehen
2 TL Salz

- Zucchini und Zwiebel in Scheiben schneiden, Basilikum fein hacken
- alle Zutaten ca. 15-20 Minuten garen
- heiß in saubere Gläser füllen
- sofort verschließen

Orangensirup

TIP

Probieren Sie auch Zitronen für Zitronensirup, oder halb Orangen - halb Zitronen.

3 l Wasser
5 Stk. unbehandelte Orangen
2 kg Zucker
3 g Zitronensäure

- Wasser aufkochen und abkühlen

- Orangenschale abreiben, Saft auspressen
- alle Zutaten zum Wasser geben, gut umrühren
- 2 Tage stehen lassen
- in Flaschen füllen
- kühl aufbewahren

Ribissaft

1 kg rote Ribis
1 l Wasser
2 dag Weinsteinsäure
ca. 60 dag Zucker

- Ribis, Wasser und Säure 12 Stunden stehen lassen
- abseihen
- Zucker hinzufügen
- aufkochen
- in heiße Flaschen füllen

Himbeersirup

1 kg Himbeeren
1/2 l Weinessig
1/2 l Rotwein
2 kg Zucker

- Himbeeren, Weinessig und Rotwein 2 Tage stehen lassen
- gut auspressen
- Zucker untermischen
- 2-3 Minuten aufkochen lassen
- heiß in Flaschen abfüllen

Holundersekt

6 l Wasser
20 Stk. Holunderblüten
2 kg Zucker
4 Stk. Zitronen
1/4 l Weinessig

- Wasser mit Zucker aufkochen und abkühlen lassen
- mit Zitronenscheiben, Weinessig, Holunderblüten vermischen
- 3-4 Tage an der Sonne stehen lassen
- abseihen und in Flaschen füllen

Ribis-Marillenmarmelade

60 dag rote Ribis
50 dag Marillen
30 dag Gelierzucker

- Ribis und Marillenstückchen gut vermischen
- ca. 10 Minuten kochen lassen
- Zucker unterrühren
- aufkochen lassen
- in Gläser füllen und gut verschließen

Quittenmarmelade

1 kg Quitten
1/8 l Weißwein
1/4 l Wasser
Saft von 1 Zitrone
30 dag Zucker

- Quitten mit Tuch abreiben
- vierteln
- mit Wasser, Weißwein und Zitronensaft zum Kochen bringen
- weich kochen
- passieren
- mit ca. 30 dag Zucker verrühren
- aufkochen
- in heiße Gläser füllen und gut verschließen

TIP

Bei sauren Früchten (Preiselbeeren, Ribis) ist kein Gelierzucker notwendig.

Preiselbeermarmelade

Gelierprobe: einen Teelöffel Marmelade auf einen kalten Teller geben; geliert die Marmelade nach kurzer Zeit, ist sie fertig.

1 kg Preiselbeeren
20 dag Äpfel
40 dag Zucker

- Preiselbeeren und geraspelte Äpfel gut verrühren
- ca. 15 Minuten kochen lassen
- Zucker unterrühren
- aufkochen lassen, Gelierprobe machen
- in heiße Gläser einfüllen und verschließen

Hollergelee

50 dag Holunderbeeren
20 dag reife Birnen
Saft von 1 Zitrone
50 dag Gelierzucker

- Holunderbeeren verlesen, waschen und abtropfen lassen
- Birnen schälen und in kleine Stücke schneiden
- Früchte mischen und weichkochen
- mit Mixstab pürieren
- Zucker und Zitronensaft unterrühren
- 6 Minuten sprudelnd kochen lassen
- heiß in Gläser füllen und gut verschließen

Löwenzahnhonig

6 Doppelhände
Löwenzahnblüten
5 l Wasser
3 Zitronen
4 kg Zucker

- Zitronenscheiben, Löwenzahnblüten und Wasser zum Kochen bringen
- 10 Minuten kochen lassen
- Blüten gut ausdrücken und Flüssigkeit mit Tuch abseihen
- Zucker dazugeben
- 6 Stunden langsam kochen lassen (nicht umrühren)
- in saubere Gläser füllen
- kühl stellen

Marillenlikör

50 dag Marillen
500 ml Brandy
15 dag Kandiszucker
1 Vanilleschoten
2 Marillenblätter
1/8 l Wasser
15 dag Zucker

- Marillen mit dem Brandy, dem Kandiszucker, Vanilleschote und Marillenblätter ca. 4 Wochen bei Zimmertemperatur stehen lassen
- täglich schütteln
- Likör abseihen
- Wasser mit Zucker aufkochen, abkühlen
- mit dem Marillenlikör mischen

Basilikumschnaps

1 l Schnaps
40 Basilikumblätter
40 dag Zucker
Schale von 2 Zitronen

- alle Zutaten gut vermischen
- in Flaschen füllen
- 3-4 Wochen an der Sonne stehen lassen

Kümmelschnaps

3/4 l Obstler
10 dag Kümmel
12 dag Zucker

- getrockneten Kümmel mahlen
- mit Zucker und Schnaps mischen
- in Flaschen füllen
- ca. 3 Wochen bei gleichmäßiger Wärme stehen lassen
- dann kühl stellen und öfters schütteln

Nußlikör

- 8 grüne Walnüsse
- 2 Sternanis
- 1 Zimtstange
- 1/2 TL Nelken
- 1 l Schnaps
- 25 dag Zucker
- 3/8 l Wasser

- Walnüsse waschen, trockenreiben, in Scheiben schneiden
- Nußscheiben, Anis, Zimtstangen in Flasche füllen
- Schnaps dazugießen, mit Klarsichtfolie verschließen
- 6-8 Wochen an sonnigen Platz stellen
- Liköransatz abseihen
- Zucker und Wasser aufkochen
- lauwarm mit dem Likör mischen
- mit halber Menge Sherry oder Madeirawein mischen

Köstliche Gerichte

Rezepte, die nicht überall zu finden sind. Gesammelt und zusammengestellt von Autorinnen und Autoren, die mit den Besonderheiten und Traditionen der Küche ihrer Region bestens vertraut sind. Jeweils ein Thema mit vielen leckeren Variationen. Zum Sammeln, ein ideales Mitbringsel zu Einladungen, als Dank für ein gelungenes Essen und natürlich für die eigene Küche.
„... Nicht nur die handliche, liebevolle Aufmachung fällt auf, auch die Verständlichkeit und Nachvollziehbarkeit der Rezeptsammlungen läßt das Herz des Hobbykochs höher schlagen." (ÖBW)
Jeder Band dieser Reihe mit jeweils 88 Seiten und vielen Farbabbildungen.
Preis je Band: **€ 7,50/sfr 14,-**

Maria Gschwentner
Tiroler Bäuerinnen kochen

Maria Gschwentner
Das kleine Milch-Buch

Hans Trenkwalder
Das kleine Honig-Buch

EDITION LÖWENZAHN

INNSBRUCK

Kochen Sie sich quer durch die Spezialitäten der regionalen Küche!
Die Rezepte in diesen Kochbüchern – alle gesammelt von Bäuerinnen der jeweiligen Region und aufbereitet von erfahrenen Köchinnen – spiegeln den Reichtum der regionalen Kochkunst wider.
„... eine Kochbuchreihe mit vielen praktischen Tips für ein gutes Gelingen." (Lukullus)
Jeder Band dieser Reihe mit mehr als 220 Rezepten und vielen Farbabbildungen.
Preis je Band: **€ 19,-/sfr 33,60**

Maria Gschwentner
Tiroler Bäuerinnen kochen

Karin Longariva
Südtiroler Bäuerinnen kochen

Rosa Beer und Regina Schwärzler
Vorarlberger Bäuerinnen kochen

Katharina Hutter
Salzburger Bäuerinnen kochen

Elfriede Beiweis
Kärntner Bäuerinnen kochen

Daniela Riegler-Fabianek
Niederösterreichische Bäuerinnen kochen

Irene Hackl und Manuela Singer
Burgenländische Bäuerinnen kochen

Rosemarie und Ursula Wallner
Wiener Bäuerinnen kochen

Elisabeth Glas
Bayerische Bäuerinnen kochen

EDITION LÖWENZAHN
INNSBRUCK